AF247947

DE LA

FORCE PUBLIQUE.

DE LA
FORCE PUBLIQUE.

A toutes les Gardes Nationales de France.

Prix : **1 Franc.**

Paris.

ROUANET, LIBRAIRE,

RUE VERDELET, N° 6, PRÈS LA POSTE,

ET CHEZ TOUS LES MARCHANDS DE NOUVEAUTÉS.

—

1833.

[illegible]

[illegible]

[illegible]

[illegible]

[illegible]

[illegible]

[illegible]

PRÉFACE.

C'est presque textuellement un Chapitre d'un ouvrage sur la théorie et la pratique des institutions politiques qu'il faut à la France, que nous offrons à nos concitoyens. Les motifs qui nous ont décidés à le faire paraître seul, frappent tout le monde : on n'a pas besoin de justifier le choix du temps pour cette publication.

L'auteur, en écrivant pour l'avenir, comme l'histoire, sans haine et sans crainte, ne croyait pas atteindre sitôt cet avenir. Ne pouvant donner le tout, il livre le plus pressant : le reste viendra s'il est nécessaire.

Son unique préoccupation, c'est le pays. Pour lui le pays est tout ; c'est là l'idée qu'il veut inculquer au pays lui-même. Hors de là point de salut.

Atteindra-t-il son but ? Il l'espère, car il croit au bon sens des hommes qui ne sont ni rois, ni ministres, ni députés, ni grands fonctionnaires. Maintenant il attend. Puisse son attente n'être pas trompée.

DE LA FORCE PUBLIQUE.

A Toutes les Gardes Nationales de France.

Tout le monde comprend ce qu'est la force physique. On comprend moins ce qu'est la force morale; on ignore généralement ce qu'est la force publique ou politique. Il faut en dire quelques mots, et, pour être vrais, nous puiserons ces mots dans la nature de l'homme, dans l'instinct de la sociabilité, dans les principes de la société.

L'homme, dans l'état primitif, trouvait sur la terre, sans recherche et sans peine, les moyens de remplir le premier but, d'accomplir la première loi de la nature, le besoin de sa conservation. C'étaient les alimens bruts qu'il partageait avec les animaux, et que souvent il leur disputait. Le goût lui fit bientôt faire un choix parmi ces alimens, et enfin le besoin de se les procurer le conduisit à l'idée de les entretenir, de les reproduire, c'est-à-dire au travail, à la culture et à l'industrie.

Dans cet état de nature, vivre, travailler, posséder, consommer librement le produit de ses travaux étaient les droits de l'homme, la loi de la nature, et comme ces droits ne pouvaient être étendus ou limités, il s'ensuit qu'ils étaient égaux pour tous, et de ces droits égaux pour tous émanaient immédiatement des devoirs égaux pour tous, le respect pour la vie, la propriété, le travail, l'industrie et la jouissance libre des produits de chaque individu de l'espèce.

On conçoit facilement que, dans cet état sauvage encore, ces droits aient souvent été lézés, que ces devoirs aient été violés par des individus de l'espèce, qui voulaient vivre sans travail, sans industrie, aux dépens des produits, de la vie même de leurs semblables. La force musculaire décidait qui vivrait, qui posséderait, qui consommerait, de l'individu laborieux ou de l'individu négligent, et, dans ces luttes, le sentiment des droits et des devoirs et la résolution de les faire respecter, de les faire prévaloir ; la force morale, en un mot, succombait quelquefois sous la force physique.

Le besoin de faire respecter ces droits par ceux qui manquaient à ces devoirs, conduisit naturellement et rapidement les hommes à la résolution de s'allier, de s'associer, pour donner l'appui d'une plus grande force physique à la force morale, contre une force qui ne l'était pas. Telle fut l'origine des sociétés humaines. La mise en commun par chacun d'une partie de son temps, de sa force, de son travail, de son industrie, de ses produits, pour s'assurer à lui même et à tous la conservation du reste, tels furent le but et la condition des premières associations.

Ces associations se multiplièrent, le nombre des associés augmenta, les sociétés devinrent des nations.

Il est inutile de montrer ici comment s'est opérée cette transformation graduelle de l'union de quelques individus en associations nationales, de retracer cette marche lente, mais constante de la barbarie à la civilisation. Ce qui importe, c'est de reproduire les élémens constitutifs de la force commune, qui, de force sociale, est devenue force publique, force politique, car, c'est dans la reconnaissance, dans le développement, dans les modifications des droits et des devoirs des sociétés primitives, que nous retrouvons les bases de nos droits et de nos devoirs, dans les sociétés modernes.

Dans les sociétés primitives, peu nombreuses encore, et resserrées dans une étroite localité, comme dans les associations modernes agglomérées en nations, le sentiment, la connaissance des droits et des devoirs et la volonté de respecter et de faire respecter les uns, d'accomplir et de faire accomplir les autres; voilà, ainsi que nous l'avons dit, la force morale. Or, le recueil, la spécification des droits et des devoirs, et l'expression de la volonté générale de les faire respecter, c'est la loi. Donc, la force morale c'est la loi, et dès-lors il est incontestable que l'établissement de la loi a été, dans l'origine des sociétés, et ne peut être, dans les sociétés modernes, que l'œuvre de tous, ou de quelques-uns avec le consentement de tous.

Les mêmes faits, les mêmes raisonnemens mènent aussi naturellement à cette conséquence, que la force commune, la force publique, la force politique n'a été, dès son établissement, et ne doit être encore aujourd'hui que le concours des forces de tous, pour l'exécution de la loi.

Le soin de veiller à l'observation de la loi, et de diriger la force commune pour réprimer ou punir la violation de la loi, devait, par une conséquence naturelle des principes et du but de l'association, être confié à un individu ou à quelques individus; c'était le seul moyen pour tous les autres, de se livrer librement et avec sécurité, à leurs travaux d'agriculture et d'industrie, et de jouir de leurs produits. Ce soin, qui était une magistrature, dans les sociétés primitives, c'est ce que de nos jours on appelle gouvernement.

Les gouvernemens n'ont donc été, dans leur origine, et ne doivent encore être aujourd'hui, que des sentinelles chargées de veiller à l'observation des droits et des devoirs proclamés par la loi, et d'ordonner et de diriger le concours des forces de tous, c'est-à-dire l'emploi de la force publique, pour réprimer ou punir la violation de la loi. *Mais les gouvernemens ne sont et ne peuvent se prétendre ni la force, ni la loi.*

Ces élémens, ces principes de l'organisation sociale furent insensiblement pervertis. Les hommes chargés d'ordonner et de diriger l'emploi de la force pour le maintien de la loi, substituèrent peu à peu leurs intérêts personnels et leurs passions aux droits et aux devoirs de tous, et ordonnèrent et dirigèrent l'emploi de cette force, de manière à satisfaire ces intérêts et ces passions au détriment de tous les droits et de tous les devoirs. D'abord un chef unique, considérant la force dont il n'était que le directeur, comme sa chose propre, s'en servit pour arracher à tous, tous les droits et pour leur imposer tous les devoirs. Ainsi naquit le despotisme. Tantôt, différens chefs, réunis par les mêmes passions et les mêmes intérêts, s'associèrent, pour employer les forces commises à leur direction, à la satisfaction de ces intérêts et de ces passions, et l'on vit s'établir le gouvernement aristocratique. Quelquefois ces mêmes chefs consentirent à reconnaître un chef commun, à la condition qu'il n'exercerait son autorité sur tous, que pour la conservation de leurs usurpations mutuelles, et on eut la monarchie féodale.

Dans chacun de ces modes de gouvernement, la force commune, la force publique ne furent plus que des instrumens d'oppression pour les masses de la société qui la composaient, et souvent même pour les sociétés étrangères. Les progrès de la civilisation amenèrent les progrès de la barbarie. On ne vit plus, comme aux premiers âges du monde, un individu attentant à la propriété ou à l'existence de son semblable; on vit de grands brigands, à la tête de hordes nombreuses, parcourir de vastes contrées, y laisser partout le crime et la dépopulation, et régnant sur la solitude ou l'esclavage, s'écrier avec orgueil : l'ÉTAT C'EST MOI. *c'est moi qui suis la force : La loi, c'est ma volonté.*

Long-temps les populations répandues sur la surface du monde subirent cette exécrable tyrannie, avant que la raison éveillée par tant de siècles de souffrances, pût rechercher et retrouver les titres de la race humaine, et revendiquer ses droits.

Mais les usurpateurs de ces droits résistèrent à cette revendication, et une grande lutte s'est engagée dans presque tout le monde, entre les principes fondamentaux de la société, les droits et les devoirs, et les principes de la barbarie, la violence et la spoliation ; entre les peuples qui veulent redevenir libres et les rois qui veulent rester absolus.

Depuis près d'un demi siècle, cette lutte, dans laquelle chaque parti a éprouvé des vicissitudes de succès et de revers, ébranle toute l'Europe, et la France, qui, il y a trois ans, croyait que trois grandes journées avaient pour toujours décidé la victoire en faveur des peuples, se vit avec étonnement disputer à elle-même ce qu'elle avait reconquis. Juste châtiment de la légèreté, de l'excès de confiance avec lesquels elle remit à un homme un dépôt dont elle n'eut pas la prévoyance de déterminer la nature, l'étendue et les conditions.

En France donc, aujourd'hui comme avant 89, comme sous l'empire, comme sous la restauration, et comme dans tout le reste du continent Européen, la société est dominée non par la loi, telle que nous l'avons définie et telle qu'elle doit être, mais par des intérêts et des passions contraires à la loi, et cette domination des intérêts et des passions s'appuie sur la force publique, que son origine et sa nature des-

tinaient à la protection des droits et de l'accomplissement des devoirs de tous.

Mais en France plus que partout ailleurs, un tel
état de choses incompatible, avec les idées généralement répandues, avec les besoins universellement
sentis, avec les droits qu'on est d'autant plus décidé à
conserver qu'ils ont coûté davantage à reconquérir, un
tel état de choses, disons-nous, approche de son terme.
Chaque jour en développe davantage les vices et hâte
sa fin.

C'est la force publique elle-même qui, arrivant pas
à pas à la connaissance de ses droits et de ses véritables
devoirs, remontant à son origine et retrouvant les
principes et le but de son institution, brisera le joug
dont on l'a rendue l'instrument, et en ensevelira les
débris sous les bases de l'ordre social primitif, uni-
ques fondemens de l'ordre social nouveau.

Il suffit d'examiner attentivement les élémens de
cette force publique et le mouvement progressif de
la raison qui l'entraîne comme tous les citoyens, pour
être convaincu de l'inévitabilité, de l'imminence de
ces faits, et il faut tout l'aveuglement, tout le délire
de l'orgueil des prétendus puissans de la terre pour
ne p asl apercevoir.

Et d'abord arrêtons un ins ant nos regards sur la
partie la plus disponible, la plus compacte, la mieux
organisée, la plus disciplinée, la plus active de cette
force publique. Voyons ce qu'est aujourd'hui l'armée.

Ce n'est plus comme au moyen-âge, des hommes
que l'avidité du pillage réunissait autour de quelques

aventuriers qui vendaient au plus offrant leurs ser-
vices et leur sang, et les lançaient partout où il y
avait des combats à soutenir, sans s'inquiéter un instant de quel côté était le droit et la justice, et qui,
les combats finis, les licenciaient et inondaient ainsi
le pays d'hommes entraînés par la passion et l'habi-
tude du brigandage.

Ce n'est plus comme dans les temps qui ont suivi,
depuis l'établissement de corps armés permanens,
jusqu'à la révolution, la lie de la population, une
réunion d'hommes que l'inconduite, la débauche,
des fautes graves forçaient de quitter leurs foyers, et
qui n'ayant plus de choix qu'une prison ou un régi-
ment, se vendaient à un maître et s'obligeaient à
exécuter tous ses ordres. Pour ces hommes il n'y avait
plus ni familles, ni amis, ni pays, ils ne pouvaient
être que les instrumens aveugles des volontés de ceux
qui les avaient achetés.

Aujourd'hui l'armée se compose d'hommes, qui,
égaux en droits à tous les citoyens, remplissent un
devoir également imposé à tous. C'est la loi qui leur
impose ce devoir, et qui leur ordonne le sacrifice de
leurs affections, de leur tranquilité, de leurs travaux
au sein de leurs familles, et celui d'une partie de
leur vie, au besoin de défendre le pays contre les
provocations et les attaques de l'étranger armé; mais
non pour aller à la voix et sur les pas d'un conqué-
rant, troubler la paix des nations étrangères, renverser leurs institutions et leur imposer le joug du
sabre, ou pour affermir par la force des armes, la

stupide et cruelle domination qu'un chef, appellé roi ou autrement, et des corrupteurs et des valets, appellés favoris ou ministres, veulent exercer sur toute la nation. Les soldats, citoyens par leur origine, par leur éducation, sortis des rangs du peuple, et devant y rentrer après un certain temps, aiment la liberté et savent fort bien qu'en prêtant leur secours à la violation, à la destruction des droits, ce sont leurs parens, leurs amis qu'ils dépouillent, et la sécurité de leur propre avenir dont ils se déshéritent eux-mêmes.

Ces sentimens si justes ont conduit l'armée comme tous les autres citoyens, à réfléchir sur l'obéissance passive dont la discipline militaire, dit-on, fait son unique devoir. Comme tous les autres citoyens, elle repousse ce principe absurde et subversif de toute société et de tout gouvernement. Notre histoire depuis 40 ans, car nos soldats lisent cette histoire glorieuse pour eux seuls, notre histoire leur a appris tout ce que ce principe a d'odieux en lui-même, et tout ce qu'il y a de dangers, de calamités dans son application et dans ses conséquences. Tant de révolutions faites, les unes par eux-mêmes, et en vertu de l'obéissance passive, les autres sans eux, et quelquefois contre eux, leur ont appris l'instabilité du pouvoir et la folie d'en entreprendre la défense, en tout et pour tout. Avertis par de grandes expériences autant que par la raison, que la volonté générale des citoyens est la seule loi du pays, ils ne veulent plus opposer leurs armes à cette volonté générale, parce qu'il plaît à la perversité d'un homme ou de quelques hommes de mettre leurs caprices à la place de la loi. Obéissance passive à leurs chefs, quand il s'agit de repousser l'invasion de l'ennemi extérieur, ou de demander compte aux rois étrangers des insultes faites à la patrie, ou des ravages commis par leurs ordres sur le sol national, voilà ce que les soldats comprennent bien, ce à quoi ils se soumettent avec une espèce de sentiment d'orgueil; mais obéissance passive pour assurer, par des combats parricides et fratricides, la perpétuité de l'asservissement d'un peuple, pour maintenir au pouvoir ce que souvent il y a de plus avide, de plus lâche et de plus cruel au monde, voilà ce que l'armée ne comprend plus, ce à quoi elle ne veut plus se soumettre. Chacun de ses membres sait fort bien qu'à la suite de la première obéissance, marchent l'estime d'eux-mêmes et la reconnaissance du pays; tandis qu'à la seconde succèdent les remords vengeurs et les anathêmes de l'humanité.

Comment les chefs des états ne comprennent-ils pas eux-mêmes que cette obéissance passive sans réserve, peut être le moyen le plus puissant de leur renversement? En effet, cette obéissance qui interdit tout examen de l'ordre donné, assujettissant toutes les volontés et tous les efforts d'une masse d'individus armés à la volonté d'un chef, n'est-elle pas le plus redoutable des élemens de révolution? Il y a pour des nations, des époques où c'est avec ce principe seul que l'on établit ou que l'on détruit la tyrannie. C'est là, nous devons le rappeler, ce qui a fait le 18 brumaire, dont les résultats ont failli succomber le 28 octobre 1812 par le mouvement militaire du général Mallet. Et aujourd'hui, dans la disposition actuelle des esprits, qui ne pressent qu'un général et un ou deux régimens suffiraient pour ébranler, pour renverser le système absurde sous lequel gémit le pays.

Ce sont ces considérations qu'apprécient le bon sens et le patriotisme de l'armée qui l'ont ramenée aux principes de son institution, en dépit de tous les efforts du pouvoir, pour la réduire à n'être entre ses mains qu'un instrument d'oppression intérieure. Organisée pour la protection, pour la défense de tous, contre les ennemis extérieurs, elle ne doit pas et ne veut plus intervenir dans les débats intérieurs, entre les citoyens et le gouvernement, et se placer, avec tout le poids de ses armes, dans le plateau de la balance où la raison et l'équité veulent qu'on ne pèse que des droits. C'est ce qu'elle a manifesté dans plusieurs occasions. Si on a quelques exceptions à citer, le jugement sévère porté par elle-même sur ces exceptions, n'en permettra guère le renouvellement, et avant peu on en rira, comme d'une sottise, en entendant un homme dire: *Mon armée, mes soldats.*

Ainsi la partie de la force publique sur laquelle, depuis tant de siècles, s'appuyaient les grands violateurs de tous les droits, de tous les devoirs, de toutes les lois, la force militaire ne peut plus être et n'est plus pour elle dans notre pays; elle doit et veut rester étrangère aux discussions, aux divisions des citoyens entr'eux , sur l'organisation et les systèmes des gouvernemens ; sa mission est d'empêcher les gouvernemens et les peuples étrangers d'y intervenir, et cette mission , elle l'aurait remplie depuis trois ans, si un seul sentiment d'honneur et de dignité avait présidé à l'administration de la France.

Nous allons nous occuper maintenant de la seconde partie de la force publique, de celle qui , spécialement destinée à faire respecter les droits, à faire remplir les devoirs, à réprimer ou à punir la violation des lois dans l'intérieur, composée des citoyens de tous les rangs et de tous les états , constitue ce qu'on appelle la force civile. Ce sujet important, surtout aujourd'hui, demande à être traité avec plus d'étendue.

L'origine de la force civile remonte au moyen-âge de la monarchie française, à ces temps de la féodalité où le droit et la loi étaient la force et l'audace, où l'autorité du gouvernement, c'est-à-dire du Roi, n'avait pour mesure que celle de l'obéissance que les grands et petits vassaux voulaient bien leur accorder. C'était très-peu de chose, d'après tous les écrits de l'histoire.

Souvent, ces grands et petits vassaux, séculiers ou ecclésiastiques, déclaraient la guerre au roi ; ils se la faisaient constamment entr'eux, et ravageaient perpétuellement le sol de la France. Pour échapper à ces ravages, ou du moins pour résister avec plus de chances de succès, alors que le gouvernement ne pouvait leur accorder aucune protection, les hommes qui avaient quelque chose se réfugiaient dans les villes qu'ils fermaient et qu'ils fortifiaient. Là, les habitans organisèrent, pour se défendre contre toute attaque, des compagnies d'hommes d'armes, qu'ils entretenaient suivant le besoin, et dont ils nommaient les chefs. Ces compagnies n'obéissaient qu'aux ordres émanés de l'assemblée des bourgeois.

Les rois virent avec plaisir l'organisation de ces forces civiles, ils l'encouragèrent partout, car ils pressentaient bien que l'indépendance des villes devait affaiblir considérablement la puissance des prélats et des grands, et amener insensiblement leur soumission. C'est ce qui arriva; mais à peine le succès fut-il obtenu; à peine les rois n'eurent-ils plus à redouter l'insubordination de leurs superbes vassaux, devenus courtisans, que l'importance des villes leur fit ombrage, et qu'ils voulurent étendre sur elles l'autorité absolue qu'elles les avaient aidés à établir. On leur laissa quelques priviléges à peu près inutiles, et les compagnies d'hommes d'armes furent dissoutes. Depuis lors, jusqu'en 1789, la force civile cessa d'exister.

De quelque manière qu'on juge le grand mouvement de 89, il y a des faits incontestables; ainsi, on ne peut nier que la réunion des états-généraux ne fût nécessaire, que la réformation de tout le système gouvernemental était le vœu de tout le pays; que les députés du tiers-état, c'est-à-dire du peu-

plé, voulaient opérer cette réformation et donner
pour base au nouvel édifice social, l'égalité des char-
ges et des avantages de l'état; que les députés de la
noblesse et du clergé, en grande majorité, s'oppo-
saient de tous leurs efforts à la reconnaissance et à
l'application de ce principe, qu'ils entraînèrent la
cour et le prince lui-même dans cette opposition, que
les députés du peuple se montrant déterminés à accomplir la tâche qu'ils s'étaient imposée, la cour, le
clergé et la noblesse voulurent dissoudre l'assemblée
par la force des armes, et environnèrent Versailles
et Paris de troupes nombreuses qui composaient l'armée du roi, commandées par de la noblesse; que
parmi ces troupes, il y en avait beaucoup d'étrangères, parce qu'on comptait bien plus sur l'obéissance des soldats étrangers que sur celle des soldats
français, qui commençaient à raisonner sur l'étendue de l'obéissance passive, et ne croyaient pas bien
fermement qu'ils y fussent astreints jusqu'à fusiller
leurs amis, leurs parens, leurs frères, leurs pères;
que malgré l'indécision des troupes du roi, leur réunion était menaçante et inquiétait vivement l'assemblée et les citoyens, à cause surtout des dispositions
bien connues des chefs de corps et de tous les officiers;
que l'assemblée réclama l'éloignement des troupes et
surtout des troupes étrangères; que le gouvernement
répondit par un refus formel qu'expliquaient les
cruelles railleries des courtisans, et que l'on com-
prit bien mieux par l'attaque du prince de Lambesk
et de ses Allemands; qu'enfin, l'indignation générale

et le besoin de se défendre eux-mêmes et les représentans du pays, souleva tous les citoyens, les fit courir aux armes, et qu'ainsi ressuscita la force civile, qui, en un instant, chassa les troupes étrangères, rendit patriotiques les troupes royales et rassura le pays contre tous les dangers, en se proclamant, avec tant de justesse, *garde nationale*.

Voilà des faits incontestables que tous les partis admettent. Dans cette origine de la force civile, nous allons trouver la source de ses droits et de ses devoirs, et, pour les circonstances actuelles, les seuls moyens de salut qui restent à la France.

D'abord, nous dirons que la force civile qui s'est établie elle-même, et qui ne s'est établie que par la nécessité de défendre tous les citoyens, contre les ravages, les cruautés et la tyrannie des rois, des grands vassaux et des ministres qui sont mille fois pires, ne peut être déclarée, sans la plus stupide contradiction, et ne peut se considérer comme instituée pour la protection ou la défense de ces rois et de ces ministres; que s'il y a sottise à quelqu'un de dire aujourd'hui *mon armée, mes soldats*, il y a plus que cela, et une double dose de fatuité à dire *ma fidèle garde nationale.* La garde nationale, la force civile ne peut appartenir et n'appartient qu'au pays, elle ne doit fidélité qu'au pays.

Dira-t-on que le roi et le pays c'est la même chose, comme le 1er mai dernier, un général directeur de prison disait aux soldats qui criaient : Vive la liberté! *Criez Vive le roi! c'est la même chose!* Ces niaiseries ne prêtent plus qu'à rire. Il y a trois ans, on se reput encore quelques instans de cette illusion. On sait aujourd'hui que c'est viande creuse, quand ce n'est pas poison.

La garde nationale, la force civile ne devant son origine qu'au besoin de défendre tous les citoyens contre l'avidité, la tyrannie, les exactions et les cruautés des rois et des ministres, il s'ensuit que permettre l'intervention des rois ou des ministres dans l'organisation de cette force civile, dans la nomination des chefs, c'est leur donner le moyen de détourner cette force du but de son institution, d'y introduire des élémens hétérogènes, d'en paralyser l'action ; que donner aux rois ou aux ministres le droit de dissoudre cette force, dans quelques parties, ou dans toutes les parties de l'empire, c'est donner aux rois ou aux ministres la faculté d'exercer, sans aucun obstacle, dans quelques parties ou dans toutes les parties de l'empire, toute la tyrannie que leurs intérêts ou leurs caprices leur feront juger convenable. Par cela seul qu'un roi ou des ministres réclament et se sont fait accorder cette intervention et ce droit, la force civile, la garde nationale doit juger que leurs intentions sont mauvaises et opposées à celles de la masse des citoyens. Elle doit se tenir en garde contre eux, et, sinon, refuser constammment son action aux ordres qui viennent du gouvernement, du moins ne l'accorder qu'avec la plus grande précaution, qu'avec la plus grande réserve.

Telles sont les conséquences logiques de l'origine

de la force civile, et ces conséquences ont pour elles la sanction d'une assez longue et assez cruelle expérience. Notre histoire, depuis 40 ans, nous montre la force civile utile, grande, glorieuse quand elle s'est montrée indépendante du gouvernement ou en hostilité avec lui, et mesquine, pernicieuse, horrible quand elle s'est montrée indifférente à ses méfaits, ou quand elle a accordé aveuglément son concours à ce gouvernement. Car tous les gouvernemens qui se succèdent réclamant ce concours au même titre, il s'ensuit qu'elle ne peut le leur accorder successivement qu'en s'abandonnant aux actes les plus contradictoires et les plus déshonorans, suivant que ces gouvernemens ont des intérêts plus opposés et des principes plus violens.

C'est en agissant ainsi que cette garde nationale, si grandiose à son apparition, en juillet 89, se rappetisse incessamment, en abandonnant sa juste défiance. On la trompe, on fuit, elle s'indigne : on revient ; l'indignation expire et les ennemis de la liberté reprennent courage, à mesure qu'elle reprend confiance et qu'elle semble plus disposée à prêter son appui au gouvernement, et ainsi elle amène la nécessité du 10 août. Trois semaines après, elle laisse de nouveau quelques chefs du nouveau gouvernement organiser et exécuter les exécrables massacres de septembre, puis, soumise tour-à-tour aux partis dominans de la convention, elle forme tour-à-tour la haie pour l'exécution de Louis XVI, qu'elle avait proclamé le restaurateur de la liberté, et de d'Orléans dont, en naissant, elle avait adopté les couleurs ; de cette Gironde, si admirable de talens, de courage, de générosité, qu'elle abandonne en holocauste à Roberspierre et à la montagne ; puis de Roberspierre et de cette montagne, immortelle aussi par l'horreur et l'admiration qu'elle inspire encore, au souvenir de ce qu'elle a fait au pays et à l'étranger, puis elle s'efface, au 18 brumaire, devant les gardes consulaires, qui, bientôt après, promènent dans ses rangs un empereur qu'elle applaudit en disparaissant.

Moins de dix années après, on la rappelle à la vie, mais le principe de son existence était presque épuisé. Dans ce palais banal, où il n'y a à poste fixe que la bassesse et l'adulation, ses chefs sont réunis autour du géant de l'humanité, dont le front portait déjà l'empreinte d'une fatalité cruelle. Il lève son jeune fils dans ses bras : *Je vais combattre pour vous,* leur dit-il ; *veillez à la garde de ce dépôt, je vous le confie :* et des sermens retentissent !

Peu de mois après, les mêmes sermens sont répétés au roi de l'ancienne dynastie. On lui réitère ces mêmes sermens, quand, dix mois après, il disait, au bruit rapide des pas de son adversaire : « *Agé de près de soixante ans, je ne souillerai pas mes cheveux blancs par une lâcheté ; je préfère m'ensevelir sous les ruines de mon trône* » ; et, la nuit même, le vieillard était fugitif, et cette garde nationale, le surlendemain, joignait, dans les revues, ses cris de VIVE L'EMPEREUR, à ceux des soldats. Plus tard, je la voyais, au champ-de-mai, répondre avec l'armée par de nouveaux sermens de dévouement, à la proclamation théâtrale de la constitution de l'empire nouveau.

Quinze jours s'étaient écoulés à peine, le fantôme de l'empereur entre, avec l'aube du jour à l'Elysée. Il en disparaît bientôt pour aller s'engloutir au milieu de l'Océan. Louis XVIII reçoit les hommages et les nouveaux engagemens de la garde nationale ; elle le laisse se précipiter dans les routes funestes que des voix prévoyantes signalaient comme devant conduire à la perte de sa famille. Elle renouvelle, dix ans après, autour de son successeur, l'acclamation de l'ancienne France : LE ROI EST MORT, VIVE LE ROI ! et se montre long-temps aussi résignée que dans les premiers temps de la restauration. Elle s'aperçoit enfin que cette restauration tend irrésistiblement à redevenir la vieille monarchie française ; elle s'inquiète justement, et, dans une des rares solennités auxquelles on la convoquait, elle mêle à des cris respectueux pour le prince, des cris de réprobation contre ses ministres. Le lendemain sa dissolution est prononcée ; elle se soumet.

Si, à cette mémorable époque, la garde nationale avait eu le véritable sentiment de ses droits et de ses devoirs envers le pays et envers elle-même, dès le jour même de l'ordonnance de dissolution, elle se serait réunie aux rendez-vous ordinaires de chacun des arrondissemens. Elle eût protesté contre l'ordonnance de dissolution ; elle eût déclaré qu'elle ne s'y soumettrait pas. Elle eût appelé à toute la France de l'injustice et de l'offense qui lui étaient faites; elle eût résisté enfin de toutes ses forces. L'exécution de la dissolution était impossible si la garde nationale n'y eût pas consenti elle même, tout le pays, comme toute la capitale, se fût déclaré pour elle, et l'armée, peu satisfaite du système vers lequel on la conduisait insensiblement, fût restée neutre dans le débat. Le prince eût cédé à cette expression unanime de la force civile, il eût chassé le ministère, il eût changé les principes directeurs de son gouvernement; et l'on n'aurait pas, après trois années de fautes et d'attentats, été réduit à la cruelle nécessité d'une révolution nouvelle, et condamné à en subir les tristes conséquences que tout le monde déplore. Une telle conduite de quelque manière qu'on l'eût considérée alors, eût été le salut du prince, de sa famille et du pays.

Il est dans la nature des hommes du pouvoir, quand ils ne rencontrent partout que la soumission, d'aller de mal en pis. Charles X et ses conseillers subirent cette loi. La révolution de juillet se fit. La garde nationale mêla ses balles aux pavés populaires, et reparut immédiatement plus nombreuse, plus belle, plus enthousiaste et malheureusement plus confiante que jamais. On sait comment les hommes du gouvernement ont profité de cette confiance et comment la garde nationale les a secondés. C'est un récit trop douloureux pour que nous nous y arrêtions.

Ce ne sont pas des reproches que nous avons voulu adresser à la force civile, ce sont des faits de l'histoire que nous rapportons, pour en tirer les conséquences nécessaires, inévitables. Ce qui est arrivé sous Charles X se renouvellera infailliblement. Il est donc urgent de chercher dans le passé les leçons de l'avenir, et de demander que ces leçons ne soient pas perdues pour ceux-là seuls qui savent apprendre et profiter.

L'origine de tout le mal est, comme nous l'avons montré, dans l'oubli par la force civile, du principe, du but de son existence; dans la confiance irréfléchie qu'elle est toujours disposée à accorder aux hommes et aux systèmes nouveaux, qui succèdent aux hommes et aux systèmes détruits par son abandon ou avec sa coopération ; dans la facilité, dans l'indifférence avec lesquelles elle se laisse imposer par les gouvernans, contre lesquels elle doit constamment être en garde, des chefs que ces gouvernans choisissent parmi leurs courtisans et leurs salariés. Comment, avec de pareils chefs, attachés par leurs intérêts, par leurs espérances, à un système et à des hommes réprouvés, manifester par des paroles ou par des actes, toute l'antipathie qu'ils inspirent? Et, sans cette manifestation, comment arrêter une administration coupable, dans sa marche arbitraire, dans la violation des droits et des devoirs?

Cette manifestation est le droit de chaque citoyen pris individuellement, et à bien plus forte raison celui des citoyens en masse, et surtout des citoyens réunis en garde nationale. Car, à quel titre pourrait-on refuser à plusieurs ensemble, ce qui appartient à chaque individu? Comment dénier à la garde nationale, ce qui est le droit de chaque citoyen? Quoi! parce que ce citoyen remplit un devoir de plus, en s'incorporant dans la force civile, et en faisant un service régulier, il aurait un droit de moins, et le plus nécessaire des droits! Ces prétentions sont par trop absurdes.

Mais cette manifestation est tout autant un devoir qu'un droit, et le plus indispensable, le plus salutaire des devoirs envers le pays; car, en le remplissant fidèlement, on avertit le pouvoir qui sait bien qu'en se séparant de la force civile, il perd le seul appui qui puisse le soutenir. Dès-lors, il rentre dans le devoir, ou s'il persiste dans ses erremens pernicieux, il rentre bientôt dans le néant.

On conçoit facilement que des rois et des ministres, qui veulent régner et gouverner sans obstacle et sans contrôle, contestent ces droits et empêchent l'accomplissement de ces devoirs. Ainsi, Charles X, à sa dernière revue de la garde nationale, pour célébrer l'anniversaire de son retour, entendant les cris de Vive le roi, a bas les ministres! répondit: *Je suis venu pour recevoir des hommages et pas des leçons.* On ne s'étonne pas de ce mot dans la bouche de ce prince; son éducation, ses antécédans, le titre même auquel il tenait la couronne, avaient dû en mettre le principe dans sa conscience. C'est un prince borné, mais ce n'est pas un méchant homme : c'est ce que nous ne dirions pas de tous les rois. Et ce prince qui n'avait pas voulu recevoir cette première leçon, s'en préparait, par son refus même, une bien plus cruelle. La première fois que la garde nationale se réunit, après sa dissolution, ce fut aux cris de : A BAS CHARLES X ! VIVE LE DUC D'ORLÉANS !

Serait-il possible que, à moins d'une année de distance de cette grande leçon, ce dernier eût interrompu un officier de la garde nationale, parlant au nom de ses collègues, et mêlant aux félicitations prodiguées à tous les princes voyageurs, quelques observations désapprobatives du système suivi par le gouvernement nouveau ? Serait-il possible que l'interruption eût été accompagnée de ces mots, dont le moindre défaut serait l'impertinence : LA GARDE NATIONALE N'A PAS LE DROIT DE DÉLIBÉRER ?

Et l'homme qui, si l'on en croit les journaux du temps, aurait proféré ces paroles, n'était arrivé au faîte du pouvoir, qu'après, non pas seulement une délibération, mais une immense action de la garde nationale, qui, en trois jours, avait déraciné une dynastie de 8 siècles. Et cet homme, nommé roi par une fraction de députés sans pouvoirs, comme l'ont avoué, comme l'avouent encore ses ministres, justifiait la conduite illégale de ces députés et d'un quart environ de la pairie, par les adresses de félicitations et les députations de toutes les gardes nationales du royaume. Ce sont les termes de ces députations et de ces adresses que l'on présentait et que l'on faisait présenter comme l'expression du vœu national, en faveur de la royauté nouvelle, dont le titre législatif paraissait déjà faux, ou du moins plus qu'insuffisant !

Ainsi, la garde nationale, suivant ce système, peut délibérer et exprimer un vœu, quand ce vœu est de donner à un homme une grande dignité, un grand pouvoir, et elle ne peut plus délibérer ni exprimer ce vœu, quand ce vœu est de voir employer cette grande dignité et ce grand pouvoir à la satisfaction des besoins et des intérêts du pays, au maintien des droits et des libertés de tous ! L'absurdité d'une pareille doctrine est trop palpable pour que nous ayons besoin d'ajouter un seul mot.

Ce qui doit la rendre plus odieuse, c'est qu'elle n'est, pour ainsi dire, que le complément du plus affreux système de tyrannie qu'on ait jamais imposé, au nom des lois, à une société éclairée, et dont le but et la conséquence, au mépris de la loi fondamentale et du texte précis de nos codes, sont l'irresponsabilité, l'impunité de tous les agens du gouvernement, depuis les ministres jusqu'aux derniers degrés de la hiérarchie administrative, quels que soient les actes, les erreurs, les méfaits de l'administration.

Ainsi la constitution proclame la responsabilité des ministres, et promet, depuis 19 ans, la loi qui doit spécifier les délits, les formes de la poursuite et les peines à appliquer, et, depuis dix-neuf ans, la faction qui tour-à-tour a occupé ou dominé tous les ministères qui se sont succédés, et qui a présenté et fait promulguer des centaines de lois pour restreindre, anéantir ou punir l'exercice des droits des citoyens, reconnus par la même constitution, n'a point voulu faire adopter une seule loi qui mît à exécution la répression des délits ministériels, prévus par la même loi constitutionnelle. Il faut une révolution et la guerre civile pour arrêter le cours de ces délits ou pour les punir !

Les codes civil et criminel statuent sur les délits commis et sur les peines encourues par les agens administratifs ou judiciaires du gouvernement. Un sénatus-consulte, dicté par la vaste précision du despotisme impérial naissant, annulle les textes de ces codes, en ordonnant que la poursuite de ces délits ne pourra avoir lieu qu'avec l'autorisation du conseil-d'état, de ce conseil-d'état arbitrairement choisi par les ministres, parmi leurs familiers et leurs complaisans; de ce conseil-d'état où la moindre velléité d'indépendance, est, comme on le voit chaque jour, punie sur-le-champ par l'expulsion. Ainsi les actes coupables des agens ministériels de l'administration commis en exécution des ordres ministériels, ne peuvent être attaqués judiciairement, sans la permission d'un corps dont tous les membres sont asservis aux volontés et aux caprices du ministère : c'est-à-dire qu'ils sont impunis.

Pour suppléer à l'impunité légale usurpée ainsi par le ministère et ses agens, il pourrait y avoir une responsabilité morale infligée par les représentans, par les électeurs, les conseils d'arrondissement, les conseils municipaux, par des réunions de citoyens, par la publicité de la presse. Voilà ce à quoi il fallait obvier, et voici comment on le fait.

D'abord, quant à la chambre des députés, on en nomme un quart à des fonctions richement salariées et révocables, et on proclame à la tribune l'asservissement du vote ou la destitution. Quelques-uns, par incapacité ou par calcul, ne peuvent remplir de fonctions publiques ; on les donne à leurs enfans, à leurs amis, toujours à la condition de l'inféodation du vote au ministère. Quelques autres sont acquis par la satisfaction de la vanité ; on leur accorde un cordon ; on les invite à sa table, et on les appelle MON CHER. D'autres enfin, plus positifs dans leurs goûts, préfèrent à tout cela une bonne subvention. Charles X disait naïvement : « *Comment se plaignent-ils de ne pouvoir pas vivre ? je leur donne 2000 francs par mois.* » Avec une riche liste civile, beaucoup de fonds secrets, et un budget d'un milliard et demi, on peut bien sacrifier un million pour avoir une cinquantaine de ces gens-là : On complète ainsi une bonne et solide majorité ; on gagne au marché, et en résumé, on fait tout ce que l'on veut.

Quant aux électeurs, on n'en fait qu'autant qu'on en veut, c'est le plus petit nombre possible ; on les convoque le plus rarement possible ; parce qu'ils pourraient, par de nouveaux choix, déranger la majorité si bien organisée ; et comme ils pourraient s'émanciper au moment de l'élection, ils écrivent leurs bulletins et n'ont point le moindre petit mot à dire, sous peine de dissolution de l'assemblée.

Les conseils-généraux, les conseils d'arrondisse-mens, les conseils municipaux? Le ministère les nommait lui-même et les destituait à volonté. C'é-tait simple et commode, on n'avait rien à en redou-ter. L'opinion s'est révoltée contre ce système, il a fallu revenir au mode électoral, pour leur compo-sition; mais on a trouvé moyen de paralyser les ef-fets de l'élection, en réduisant le nombre des électeurs, en se réservant le choix des présidens et des maires, en n'autorisant les réunions de ces assemblées qu'à des époques rares et pour des objets déterminés, ou sur la permission des préfets et pour des motifs approuvés par eux, sous peine de nullité de toute décision.

Enfin toute réunion de plus de vingt citoyens, pour s'occuper d'affaires politiques, est devenue un délit punissable d'amendes et d'emprisonnement, et presse née par là que sous les coups de lois draco-niennes.

C'est pour couronner dignement tout ce système que pourrait renverser la réunion indispensable des individus en garde nationale, que l'on dit insolem-ment aux gardes nationaux. «*Vous vous assemblerez quand nous vous appellerons, et pour faire ce que nous voulons; mais il vous est défendu de dire ce que vous désirez.*»

Et on convoque cette garde nationale e i armes, pour opposer la force civile, tantôt à la masse de ci-toyens qui demandent justice et qui, indignés qu'on la leur refuse, s'abandonnent à des cris de vengeauce; tantôt à ceux qui se vengent par des ravages d'un attentât commis sous le masque de la religion, et que l'autorité n'avait su ni prévenir, ni réprimer ; tantôt à ces foules peu respectueuses envers l'autocrate russe, et qui célèbrent trop bruyamment les hauts faits, ou déplorent avec trop d'amertume, la destruction de la nation polonaise ; tantôt à des hommes arrachés aux solennelles et religieuses pensées de grandes funérailles et lancés à des idées de guerre civile et de destruction, par les provocations multipliées de la police et des gouvernans, et par une attaque injuste de la force militaire.

Voilà l'usage auquel on assujettit la garde nationale, quand on a autre chose à lui demander que vingt-quatre heures de corps de garde et de faction, ou ces insipides parades auxquelles on l'appelle, pour l'amusement de grands enfans, qui veulent passer quelques heures à jouer aux soldats, et à mendier des acclamations. Est-ce là, nous le demandons, le rôle qu'imposent à la force publique le but de son institution, son origine et sa composition ? Cela ne doit-il pas faire hausser les épaules aux hommes raisonnables et faire rougir les gens de cœur ?

La force civile, la garde nationale est la seule institution populaire du pays ; cette institution peut-elle être sans volonté ou sans voix ? Cette question ne peutêtre l'objet d'un doute. S'il est démontré qu'elle doit avoir, qu'elle a une volonté, et qu'elle doit exprimer cette volonté ; quand et comment doit-elle l'exprimer ?

Ne perdant pas de vue son origine et son organisation, nous répondons sans détour, qu'elle le doit faire toutes les fois que les gouvernans violent les droits et manquent à leurs devoirs, et toutes les fois que l'occasion se présente de rappeler au chef de l'état, assez insensé ou assez audacieux pour l'oublier, le but de son élévation. Aux acclamations de la joie et de l'espérance, doit succéder un morne silence, quand les espérances ont été déçues, quand la joie a été changée en inquiétudes. Si ce silence n'est pas compris, si l'orgueil pousse à l'obstination dans l'erreur ou dans le mal, il faut parler et parler haut, pour des gens qui ont l'oreille dure. La force civile doit alors, toutes les fois qu'elle est réunie, proclamer son antipathie pour les agens supérieurs, pour les ministres et les conseillers qu'une fiction, illusoire souvent, quoiqu'elle puisse être parfois une réalité, signale dans la constitution, comme les auteurs du mal : elle doit réclamer énergiquement leur expulsion de la direction des affaires. Si cette expression ferme et unanime est dédaignée, méprisée, ou si un changement d'hommes n'amène que des hommes aussi mauvais, et la continuation du même système, alors une pensée immuable s'est trahie, et c'est à la pensée immuable qu'il faut s'en prendre. Chaque fraction de la force civile doit se réunir et signifier à cette pensée immuable, qu'instituée pour défendre les droits et les devoirs, la force civile, composée d'hommes qui veulent conserver ces droits en remplissant ces devoirs, ne peut plus accorder son appui à un gouvernement qui viole les uns et les autres ; qu'en conséquence, il ne doit plus attendre d'elle, comme corps, que le refus du service, et des individus qui la composent, que le refus de l'impôt. Et quand elle l'aura dit elle devra le faire.

La force militaire, décidée à ne plus marcher sans la force civile, parce qu'elle ne veut pas s'exposer à combattre sans elle et contre elle; instruite d'ailleurs de la résolution de cette force civile, attendra, pour agir, l'expression de la volonté du pays, et, comme on l'a dit : *Les rois s'en vont.*

Tels sont les devoirs de la garde nationale; et, considérant l'état du pays, nous n'hésitons pas à dire qu'il est urgent pour elle de commencer à les remplir. On n'exigera pas sans doute que nous retracions cet état de malaise, de détresse, de paix apparente et ruineuse, et de guerre sourde et désastreuse, de bassesse envers l'étranger, de cruelles rigueurs envers les citoyens, et, d'une extrémité à l'autre de l'empire, les divisions, les haines, les combats perpétuels entre les citoyens et contre le gouvernement Depuis trois ans, ces symptômes qui s'aggravent, attestent la maladie mortelle dont ce gouvernement est atteint, et l'imminence, l'inévitabilité de sa mort. Ce sont des faits patents, incontestables.

L'imminence, l'inévitabilité d'un fait une fois reconnues, la seule question qu'on puisse discuter avec utilité, c'est : Quels sont les moyens de rendre insensible ou moins douloureux l'accomplissement de ce fait, et d'en rendre les conséquences profitables. C'est celle que nous avons discutée et résolue.

C'est une révolution nouvelle qui est la conséquence

de la solution, dira-t-on. Non ! Une révolution nou-velle est la conséquence forcée de l'origine et du système du gouvernement. La conséquence de la so-lution, c'est de ne pas rendre cette révolution nou-velle, une sanglante et inutile répétition de celle de juillet. C'est de la faire avec calme, avec dignité, avec ensemble, et par conséquent sans combat, sans carnage. Si le lendemain des ordonnances de juillet, toutes les légions de la garde nationale s'étaient réu-nies et avaient déclaré, *qu'en se mettant au-dessus des lois, le gouvernement s'était mis hors la loi,* et que sur-le-champ, elles se fussent emparées de toutes les administrations, quelques heures auraient suffi, pour mettre fin à tout et composer un gouver-nement provisoire. On n'aurait pas eu trois jours de combats, et des milliers de citoyens n'auraient pas inutilement péri.

Si encore, il y a un an, les cinquante mille gardes nationaux, à la suite de la pompe funèbre de l'intré-pide, de l'éloquent, de l'incorruptible LAMARQUE, s'y étaient montrés tous armés et en ordre militaire, au mépris des injonctions bassement rancunières des chefs du gouvernement, tout se serait passé comme aux funérailles de Benjamin-Constant, et les minis-tres qui se sont montrés si cruels, auraient eux-mêmes promis encore de placer Lamarque au Pan-théon, quitte à violer une seconde fois leur pro-messe; il n'y aurait pas eu de provocations, d'atta-ques, de combats aussi acharnés qu'inégaux pendant deux jours. Au lieu d'avoir le surlendemain à déploren la perte de tant de citoyens et l'établissement de la loi du sabre, on aurait vu le chef de l'état lui-même, averti par cette grande manifestation de l'opinion, de la volonté publique, expulser les hommes dont il s'est environné, et rentrer dans les voies de la liberté et de l'honneur national. Depuis un an la France aurait repris son attitude de grandeur et de dignité, et elle n'aurait pas devant elle l'horrible perspective qui l'épouvante.

C'est à la faiblesse montrée par la garde nationale presqu'autant qu'aux mauvaises intentions des gouvernans que nous devons ces horribles journées, et elle ne persisterait dans cette faiblesse qu'en préparant des journées plus horribles encore. Son indifférence augmente d'une part l'audace des gouvernans, et d'autre part les souffrances et le mécontement des masses populaires. Ces masses s'habituent à la regarder d'abord comme insouciante, puis comme complice du gouvernement, puis comme hostile au peuple. Là, sont tous les élémens de la plus affreuse guerre civile. Voilà le mal que nous voulons conjurer.

L'indifférence et l'inaction de la garde nationale n'empêchera pas les masses populaires de se remettre en mouvement, lorsqu'un événement qui peut se présenter d'un jour à l'autre, fera sentir plus vivement la pesanteur du joug ou le rendra plus odieux. Ces masses désarmées doivent commencer par chercher des armes partout où elles ont l'espoir d'en trouver : c'est ce qui fait crier au pillage. Si ces masses réussissent, quoique l'immense majorité soit ce qu'il y a de plus moral et de plus pur dans le pays, comme il y aura dans les rangs des hommes à intentions criminelles, toujours prêts à se mettre en avant et à saisir les fruits de la victoire, ces masses pures se retireront après le combat et laisseront le pouvoir entre les mains des intrigans ou des pervers qui les auront séduites par leur langage ou par leurs actes.

Comment serait exercé le pouvoir en de telles mains? On le peut pressentir, quand on voit les emblêmes qu'on présente à ces masses, et que quelques individus trompés consentent à porter ; quand on entend faire l'éloge de Marat et de son système. Voilà où conduirait inévitablement l'inaction de la garde nationale. Voilà ce que l'intérêt du pays et l'intérêt de chacun des individus qui la composent, lui ordonnent de prévenir, et elle ne peut le faire qu'en prenant elle même de l'initiative. Alors tout se fait avec ordre, avec calme, sans secousses, sans danger. Les classes populaires voyant qu'enfin on défend leur cause, se mettront sur-le-champ à la suite de la force civile et ne perdront ni l'esprit d'ordre, ni le respect pour la propriété dont elle ont donné tant de gages. Alors encore le dépôt du pouvoir provisoire, en attendant que tous les citoyens aient exprimé leurs vœux sur le système de gouvernement à établir, ne serait confié qu'à des hommes connus par leur constance dans leurs principes, par leur fermeté, par leur intégrité. Ainsi on évite les convulsions qui font redouter une révolution, et les agitations, les passions, les vengeances qui la rendent inutile ou désastreuse, et enfin, en persistant, quand un nouveau gouvernement est établi, dans l'application de ce système de ses droits et de ses devoirs, la garde nationale rend à jamais impossible le retour du despotisme ou de l'anarchie.

Aujourd'hui, nous sommes aux prises avec ces deux grandes calamités sociales. C'est à la force civile à s'en délivrer et nous lui disons avec confiance, avec certitude : AIDE-TOI LE CIEL T'AIDERA.

FIN.

Imprimerie de Grossteite à Sceaux.